Je le jure.......... a la vie a la mort.

LE RETOUR DES BOURBONS :

Étrennes aux Français.

Par Augustin Legrand.

à Paris.

1815.

LE RETOUR
DES
BOURBONS.

A PARIS,

Chez AUGUSTIN LEGRAND, rue Hautefeuille, n. 18.

Et chez { TESTU et Ce., Imprimeurs-Libraires, rue Hautefeuille, n. 13;
PELICIER, Libraire, au Palais Royal.

Mon intention est de consacrer le retour d'une famille chérie sur le trône de ses pères, après les secousses les plus violentes. J'offre donc, sous un même cadre, les traits de ces Princes si désirés, et des Souverains réunis pour rendre enfin la paix à l'Europe entière.

J'ai cru qu'une notice sur chacun de ces illustres personnages, en animant mes tableaux, ajouterait à l'intérêt que leur personne inspire; j'ai puisé mes notes dans les sources les plus certaines. Enfin, pour satisfaire la curiosité de mes compatriotes, qui n'ont pu être témoins d'événemens aussi surprenans, je me suis encore hasardé de donner une légère idée de la campagne des alliés et du siége de Paris.

Ceci est un bien petit aperçu du grand tableau que tracera l'histoire; cependant, je me flatte que cette réunion de portraits et de faits historiques sera agréable à mes concitoyens.

Objets traités et contenus dans cet Ouvrage.

Exposé de la Révolution.

Anecdotes sur chacun des personnages dont les portraits sont ici joints.

Idée de la Campagne des alliés et du Siége de Paris.

Gravures.

Au Frontispice : un Chevalier Français prêtant son serment de fidélité.

Au Titre, un Génie embrassant un Lys renaissant.

Portraits.

Henri IV.
Louis XVI.
Marie-Antoinette.
Louis XVII.
Louis XVIII.
Monsieur.
La Duch. d'Angoulême.
Le Duc d'Angoulême.
Le Duc de Berri.
L'Emp. des Russies.
L'Emp. d'Allemagne.
Le Roi de Prusse.

HENRY IV.

Roi de France et de Navarre.

HENRI IV,

ROI DE FRANCE ET DE NAVARRE.

. . . . Ce héros qui régna sur la France
Et par droit de conquête et par droit de naissance ;
Qui, par de longs malheurs, apprit à gouverner,
Calma les factions, sut vaincre et pardonner,
Confondit et Mayenne, et la ligue, et l'Ibère,
Et fut de ses sujets le vainqueur et le père. . . . .

Saint Louis apparaît en songe à Henri IV.

Louis, en ce moment prenant son diadême,
Sur le front du vainqueur il le pose lui-même :
« Règne, dit-il, triomphe, et sois en tout mon fils ;
» Tout l'espoir de ma race en toi seul est remis ».....
Il dit, et dans l'instant l'un et l'autre s'avance
Vers les lieux fortunés qu'habite l'innocence.....
Là, règnent les bons Rois qu'ont produits tous les âges ;
Là, sont les vrais héros ; là, vivent les vrais sages ;
Là, sur un trône d'or, Charlemagne et Clovis
Veillent du haut des Cieux sur l'empire des lys.....
Le sage Louis douze, au milieu de ces Rois,
S'élève comme un cèdre, et leur donne des lois.
Ce Roi qu'à nos aïeux donna le Ciel propice,
Sur son trône avec lui fit asseoir la Justice ;
Il pardonna souvent ; il régna sur les cœurs ;
Et des yeux de son peuple il essuya les pleurs.....
O jours ! ô mœurs ! ô tems d'éternelle mémoire !
Le peuple était heureux, le Roi couvert de gloire ;

De ses aimables lois chacun goûtait les fruits.
Revenez, heureux tems, sous un autre Louis.....
. . . . « Le Ciel te permet de connaître
Les Rois, les Héros qui de toi doivent naître.
Le premier qui paraît, c'est ton auguste fils (1) :
Il soutiendra long-tems la gloire de nos lys,
Triomphateur heureux du Belge et de l'Ibère ;
Mais il n'égalera ni son fils, ni son père.
Ciel ! quel pompeux amas d'esclaves à genoux
Est aux pieds de ce Roi (2) qui les fait trembler tous !
Quels honneurs ! quels respects ! . . . .
Je le vois, éprouvant des fortunes diverses,
Trop fier dans ses succès, mais ferme en ses traverses.....
Quel est ce jeune Prince (3), en qui la majesté
Sur son visage aimable éclate sans fierté ?
D'un œil d'indifférence il regarde le trône.....
Ciel ! quelle nuit soudaine à mes yeux l'environne ?.....
O mon fils ! des Français vous voyez le plus juste.....
Un faible rejeton (4) sort entre les ruines
De cet arbre fécond coupé dans ses racines.
Les enfans de Louis, descendus au tombeau,
Ont laissé dans la France un monarque au berceau.....
France, reprends sous lui ta majesté première,
Perce la triste nuit qui couvrait ta lumière ;
Que les arts, qui déjà voulaient t'abandonner,
De leurs utiles mains viennent te couronner.....

HENRIADE.

(1) Louis XIII. (2) Louis XIV. (3) Le Dauphin. (3) Louis XV.

LE RETOUR

DES

BOURBONS.

Oui, le sang des Capets est toujours adoré ;
Français, unissons-nous, que de ce trône sacré,
Les rameaux divisés, et courbés par l'orage,
Désormais réunis, soient notre unique ombrage.

VOLT., *Adélaïde du Guesclin*, 2e. acte.

RÉVOLUTION FRANÇAISE.

APRÈS avoir parcouru un cercle immense de calamités, les Français reviennent enfin à leurs anciennes affections. Louis est au milieu de ses enfans ; l'Europe, raffermie sur ses anciennes bases, renaît pour le bonheur et la tranquillité.

Le bon Henri, le chef de notre illustre famille des Bourbons, après des événemens aussi désastreux que les nôtres, avait rendu la paix à la France. Son règne paternel promettait une longue suite d'heureux jours, lorsqu'il tomba victime de ses ennemis; mais sa mémoire et son nom sont devenus à-la-fois l'honneur et l'orgueil de tous les bons Français. Le règne de Louis XIV, son petit-fils, fut glorieux, mais la France se ressentit toujours des excessives dépenses que cette grandeur entraîna. Sous celui de son successeur, le désordre augmenta, et Louis XVI, à son avènement, ne trouva qu'à réparer. Ce Prince sage et économe y employa toutes ses ressources; mais le mal était grand, et ses efforts devinrent impuissans. Il voulut s'entourer des Notables du Royaume; les esprits étaient divisés, et les moyens proposés pour combler le déficit des finances, soit qu'ils fussent insuffisans, soit qu'ils froissassent quelques privilégiés, furent tous rejetés.

Il fallut convoquer les États-Généraux, et la révolution s'opéra au milieu du choc des opinions diverses. Dès son commencement, ce fut un torrent qui submergea la France entière, renversa et entraîna tout ce que les Français révéraient depuis tant de siècles, *l'Autel et le Trône*.

Louis, ce Prince généreux, fut la plus auguste victime immolée à ce fantôme de liberté; la France s'érigea en république. Si cette époque a produit de sublimes dévouemens, combien aussi de victimes furent cruellement sacrifiées sur les autels de cette liberté! Combien de héros ont généreusement et inutilement prodigué leur sang pour nous assurer une chimère qui a disparu tout-à-coup à nos yeux, pour ne nous laisser que l'angoisse et l'agitation d'un rêve affreux.

Le régime directorial sembla devoir être le terme de cette cruelle époque, mais les factions se heurtèrent encore; nouveau désespoir! nouvelle tyrannie!

Un homme extraordinaire, un guerrier qui venait d'enchaîner l'Italie, de dicter la paix, Buonaparte, se présente aux Français las et fatigués de tant de maux renaissans; Premier Consul, il semble vouloir protéger cette liberté pour laquelle ils avaient fait tant de sacrifices; mais bientôt nouveau César, il dicte ses lois et se fait obéir impérieusement et tyranniquement de tout ce qui l'environnait. La France ne connut plus qu'un rival; toutes les autres puissances devinrent forcément ses alliées. Mais combien l'ambition de son chef lui a coûté de pleurs et de sang! Elle le précipita lui-même au pied de son trône gigantesque, et nous rendit enfin le calme et la paix, après lesquels nous soupirions depuis si longtems.

Bientôt tous les yeux se tournèrent vers ces Princes si regrettés. Ils se rendirent à nos vœux, et nos cœurs les reçurent avec joie et confiance.

LOUIS XVI. LOUIS XVII.

MARIE ANTOINETTE

d'Autriche.

LOUIS XVI.

MARIE-ANTOINETTE.

LOUIS XVII.

Conjurez ce martyr, qui règne dans le Ciel,
D'abaisser sur la France un regard paternel;
Et recueillis, le front courbé dans la poussière,
Offrez-lui de vos pleurs le tribut solitaire.
Les temps arriveront que du meilleur des Rois,
Mort sur un échafaud, comme Dieu sur la croix,
La France bénira le nom et les images :
Il ne veut en ce jour, il n'attend pour hommages
De vous, qu'un souvenir, des autres qu'un remords...

. . . .

Que sa grande ombre, enfin, trop long-tems exilée,
Revienne parmi nous, paisible, consolée!...

Par M. Treneuil.

TESTAMENT DE LOUIS XVI.

Au nom de la très-sainte Trinité, du Père, du Fils et du Saint-Esprit. Aujourd'hui vingt-cinquième jour de décembre 1792, moi, LOUIS, seizième du nom, Roi de France, étant, depuis plus de quatre mois, renfermé, avec ma famille, dans la tour du Temple, à Paris, par ceux qui étaient mes sujets, et privé de toute communication quelconque, même, depuis le 11 du courant, avec ma famille; de plus, impliqué dans un procès dont il est impossible de prévoir l'issue, à cause des passions des hommes, et dont on ne trouve aucun prétexte ni moyens dans aucune loi existante; n'ayant que Dieu pour témoin de mes pensées, et auquel je puisse m'adresser, je déclare ici, en sa présence, mes dernières volontés et mes sentimens.

Je laisse mon âme à Dieu, mon créateur; je le prie de la recevoir dans sa miséricorde, de ne pas la juger d'après ses mérites, mais par ceux de notre Seigneur Jésus-Christ, qui s'est offert en sacrifice à Dieu son père, pour nous autres hommes, quelqu'indignes que nous en fussions, et moi le premier

Je meurs dans l'union de notre Sainte Mère l'Eglise Catholique, Apostolique et Romaine, qui tient ses pouvoirs, par une succession non interrompue, de Saint Pierre, auquel Jésus-Christ les avait confiés.

Je crois fermement et je confesse tout ce qui

est

est contenu dans le Symbole et les Commandemens de Dieu et de l'Eglise, les Sacremens et les Mystères, tels que l'Eglise Catholique les enseigne et les a toujours enseignés. Je n'ai jamais prétendu me rendre juge dans les différentes manières d'expliquer les dogmes qui déchirent l'Eglise de Jésus-Christ, mais je m'en suis rapporté et rapporterai toujours, si Dieu m'accorde vie, aux décisions que les supérieurs ecclésiastiques, unis à la sainte Eglise Catholique, donnent et donneront, conformément à la doctrine de l'Eglise, suivie depuis Jésus-Christ.

Je plains de tout mon cœur nos frères qui peuvent être dans l'erreur; mais je ne prétends pas les juger, et je ne les aime pas moins tous en Jésus-Christ, suivant ce que la charité chrétienne nous enseigne. Je prie Dieu de me pardonner tous mes péchés; j'ai cherché à les connaître scrupuleusement, à les détester, et à m'humilier en sa présence. Ne pouvant me servir du ministère d'un Prêtre Catholique, je prie Dieu de recevoir la confession que je lui en ai faite, et sur-tout le repentir profond que j'ai d'avoir mis mon nom (quoique cela fût contre ma volonté) à des actes qui peuvent être contraires à la discipline et à la croyance de l'Eglise Catholique, à laquelle je suis toujours resté sincèrement uni de cœur.

Je prie Dieu de recevoir la ferme résolution où je suis, s'il m'accorde vie, de me servir, aussitôt que je le pourrai, du ministère d'un Prêtre Catholique, pour m'accuser de tous mes péchés et recevoir le Sacrement de Pénitence.

Je prie tous ceux que je pourrais avoir offensés par inadvertance (car je ne me rappelle pas d'avoir fait sciemment aucune offense à personne), ou ceux à qui j'aurais pu avoir donné de mauvais exemples ou du scandale, de me pardonner le mal que je peux leur avoir fait; je prie tous ceux qui ont de la charité d'unir leurs prières aux miennes pour obtenir de Dieu le pardon de mes péchés.

Je pardonne de tout mon cœur à ceux qui se sont faits mes ennemis sans que je leur aie donné aucun sujet, et je prie Dieu de leur pardonner, de même qu'à ceux qui, par un faux zèle ou par un zèle mal entendu, m'ont fait beaucoup de mal.

Je recommande à Dieu ma femme et mes enfans, ma sœur et mes tantes, mes frères, et tous ceux qui me sont attachés par le lien du sang ou par quelqu'autre manière que ce puisse être ; je prie Dieu particulièrement de jeter des yeux de miséricorde sur ma femme, mes enfans et ma sœur, qui souffrent depuis long-tems avec moi, de les soutenir par sa grâce s'ils viennent à me perdre, et tant qu'ils resteront dans ce monde périssable.

Je recommande mes enfans à ma femme ; je n'ai jamais douté de sa tendresse maternelle pour eux ; je lui recommande sur-tout d'en faire de bons chrétiens et d'honnêtes hommes, de ne leur faire regarder les grandeurs de ce monde-ci (s'ils sont condamnés à les éprouver) que comme des biens dangereux et périssables, et de tourner leurs regards vers la seule gloire solide et durable de l'éternité. Je prie ma sœur de vouloir continuer sa tendresse à mes enfans, et de leur tenir lieu de mère s'ils avaient le malheur de perdre la leur.

Je prie ma femme de me pardonner tous les maux qu'elle souffre pour moi, et les chagrins que je pourrais lui avoir donnés dans le cours de notre union ; comme elle peut être sûre que je ne garde rien contre elle, si elle croyait avoir quelque chose à se reprocher.

Je recommande bien vivement à mes enfans, après ce qu'ils doivent à Dieu, qui doit marcher avant tout, de rester toujours unis entre eux, soumis et obéissans à leur mère, et reconnaissans de tous les soins et les peines qu'elle se donne pour eux en mémoire de moi. Je les prie de regarder ma sœur comme une seconde mère.

Je recommande à mon fils, s'il avait le malheur de devenir Roi, de songer qu'il se doit tout entier au bonheur de ses concitoyens; qu'il doit oublier toute haine et tout ressentiment, et nommément ce qui a rapport aux malheurs et aux chagrins que j'éprouve; qu'il ne peut faire le bonheur des peuples qu'en régnant suivant les lois; mais en même tems qu'un Roi ne peut les faire respecter et faire le bien qui est dans son cœur qu'autant qu'il a l'autorité nécessaire, et qu'autrement, étant lié dans ses opérations et n'inspirant point de respect, il est plus nuisible qu'utile.

Je recommande à mon fils d'avoir soin de toutes les personnes qui m'étaient attachées, autant que les circonstances où il se trouvera lui en donneront les facultés; de songer que c'est une dette sacrée que j'ai contractée envers les enfans ou les parens de ceux qui ont péri pour moi, et ensuite de ceux qui sont malheureux pour moi.

Je sais qu'il y a plusieurs personnes de celles qui m'étaient attachées qui ne se sont pas conduites envers moi comme elles le devaient, et qui ont même montré de l'ingratitude; mais je leur pardonne (souvent dans les momens de trouble et d'effervescence, on n'est pas maître de soi), et je prie mon fils, s'il en trouve l'occasion, de ne songer qu'à leur malheur.

Je voudrais pouvoir témoigner ici ma reconnaissance à ceux qui m'ont montré un attachement véritable et désintéressé : d'un côté, si j'ai été sensiblement touché de l'ingratitude et de la déloyauté de gens à qui je n'avais jamais témoigné que des bontés, à eux ou à leurs parens ou amis, de l'autre, j'ai eu de la consolation à voir l'attachement et l'intérêt gratuit que beaucoup de personnes m'ont montrés. Je les prie d'en recevoir tous mes remercîmens; dans la situation où sont encore les choses, je craindrais de les compromettre si je parlais plus explicitement; mais je recommande spécialement à mon fils de chercher les occasions de pouvoir les reconnaître.

Je croirais calomnier cependant les sentimens de la nation, si je ne recommandais ouvertement à mon fils messieurs de Chamilly et Hue, que leur véritable attachement pour moi avait portés à s'enfermer avec moi dans ce triste séjour, et qui ont pensé en être les malheureuses victimes. Je lui recommande aussi Cléry, des soins duquel j'ai eu tout lieu de me louer depuis qu'il est avec moi; comme c'est lui qui est resté avec moi jusqu'à la fin, je prie messieurs de la Commune de lui remettre mes hardes, mes livres, ma montre, ma bourse, et les autres effets qui ont été déposés au Conseil de la Commune.

Je pardonne encore très-volontiers à ceux qui me gardaient les mauvais traitemens et les gênes dont ils ont cru devoir user envers moi : j'ai trouvé quelques âmes sensibles et compatissantes, que celles-là jouissent dans le cœur de la tranquillité que doit donner leur façon de penser.

Je prie messieurs de Malesherbes, Tronchet et Desèze de recevoir ici tous mes remercîmens et l'expression de ma sensibilité pour tous les soins et les peines qu'ils se sont donnés pour moi.

Je finis en déclarant devant Dieu, et prêt à paraître devant lui, que je ne me reproche aucun des crimes qui sont avancés contre moi.

Fait double à la tour du Temple, le 25 décembre 1792.

Signé LOUIS.

Est écrit: Baudrais, *Officier Municipal.*

ANECDOTES.

Le lieu où l'on déposa les dépouilles mortelles du Roi, de la Reine et de madame Elisabeth, fut acheté par M. Duclozeau, dans l'intention de conserver religieusement ce dépôt précieux. La piété et la fidélité y ont érigé un monument simple : chaque jour cet asyle funèbre était visité par le propriétaire, accompagné de ses filles; quelquefois il y admettait un petit nombre de personnes pieuses qui venaient aussi mêler leurs larmes et leurs prières à celles de la respectable famille.

Le Roi de Prusse est aussi allé pleurer sur la tombe de Louis XVI. Sa Majesté, touchée de l'honorable conduite de M. Duclozeau, lui écrivit, le 29 mai 1814, une lettre pleine de sensibilité, et y joignit le don d'une médaille d'or représentant son portrait, et portant sur l'exergue ces mots : *fidélité*, *amour*.

Le 14 mai 1814, le Roi et la famille royale assistèrent à une cérémonie funèbre et religieuse célébrée dans la basilique de Notre-Dame; le ciel semblait avoir pris une teinte conforme au deuil public; le jour était triste et sombre. Le Roi, placé dans une tribune, portait l'uniforme de la garde nationale, avec un crêpe au bras, sans aucune décoration; les Princes étaient près de lui. A la gauche de la tribune du Roi, était celle de madame la Duchesse d'Angoulême; elle était vêtue de noir et presque enveloppée dans son voile. Quel tendre intérêt n'excitait pas cette royale orpheline aux pieds du mausolée de son auguste père, de sa mère, de son frère et de sa tante! A la fin de cette auguste cérémonie, tous les cœurs qu'elle avait pénétrés de tristesse semblaient éprouver cette douce satisfaction, ce soulagement qui suivent toujours l'accomplissement d'un grand devoir.

~~~~~~

Le 24 mai, M. Gouin, connu par ses longues persécutions, son dévouement et son attachement pour le Roi, fit hommage à Louis XVIII d'un dépôt très-précieux qu'il avait religieusement conservé, c'est le mouchoir qui fut trouvé sur la personne de Louis XVI, à l'instant même
~~~~~~

où l'auguste victime eut consommé son sacrifice. Les vers suivans terminaient une notice historique qui fut écrite dans le tems même.

Trahi par des sujets qu'il voulait rendre heureux,
Louis sur l'échafaud fut immolé par eux.
Prêt à répondre à Dieu, son âme est sans alarmes :
Sur sa patrie ingrate il verse encor des larmes
Dont ses yeux ont trempé ce tissu précieux ;
Sa patrie est aux fers et Louis dans les cieux.

LOUIS XVIII.

le Désiré,

Roi de France et de Navarre.

LOUIS XVIII,

Le Désiré.

L'AGE D'OR DE LA FRANCE.

De quel éclat mes yeux sont éblouis !
Entendez-vous ces hymnes d'alégresse?
Un lys paraît, à l'aspect de Louis,
Nos cœurs éteints s'exaltent dans l'ivresse.
Sous des auspices bienheureux
Le règne des lys recommence:
Sur le trône de ses aïeux
Louis remonte glorieux;
Et comment?... en sauvant la France.

Mais ce n'est là qu'un seul de ses bienfaits;
Et ma patrie abattue, épuisée,
De sa sagesse admirant les effets,
Verra sa plaie un jour cicatrisée.
Des maux dont il n'est point l'auteur,
N'est-ce pas lui qui nous console?
Lui qui nous dit du fond du cœur :
« Je viens faire votre bonheur ».
Et les Bourbons tiennent parole.

Il est un vœu que nous osons former :
Près de Louis voyez cette Princesse,
Ange du Ciel descendu pour charmer
Un peuple entier dont le sort l'intéresse ;
L'espoir du monde est dans ses mains ;
Tout notre avenir dépend d'elle ;
Les lys fleurissent incertains....
Ah! qu'elle assure leurs destins
En rendant leur branche immortelle.

Mais quoi déjà renaissent les beaux jours
Et de simplesse et de galanterie,
Tems fortunés où de gais Troubadours
Chantaient la gloire et la chevalerie !
Le Français, dans les camps nourri,
Fut naguères dur, intraitable,
Sous les étendards de Berri,
Le peuple le plus aguerri
Va devenir le plus aimable.

Espoir du trône, honneur du nom français,
Ne voit-on pas d'Artois et d'Angoulême,
Au nom du Roi, répandre des bienfaits?
Chacun d'eux semble agir d'après lui-même.
C'est peu d'avoir comblé les vœux
Du bon peuple qui l'environne ;
Grâce à ces Princes généreux,
Louis fait par tout des heureux,
Afin de n'oublier personne.

CHARLES MALO.

Nota. Extrait du Journal des Arts, 30 octobre.

RETOUR DU ROI

EN FRANCE.

Le 24 avril, S. M. débarqua à Calais. Il serait impossible de décrire les transports de ses habitans; le rivage de la mer, les remparts étaient couverts d'une foule immense; le canon se fit entendre; il était une heure : à l'instant, et comme s'il eût été possible que les sept lieues qui séparent Douvres de Calais, fussent traversées aussi précipitamment que la Seine, on vit se précipiter vers le port le reste de la population, tant elle craignait d'y arriver trop tard. Bientôt après on découvrit à l'horizon huit vaisseaux de ligne et grand nombre d'autres bâtimens. Toutes les voiles étaient déployées, et cette escadre, qu'un vent favorable secondait, s'avançait avec rapidité

Un bâtiment léger est en avant; un autre plus considérable et magnifiquement orné le suit de près...; il porte les destinées de la France....; il s'arrête, et tout-à-coup tous s'écrient : *le voilà! le voilà! c'est lui! le Roi! vive le Roi!*

Le Roi s'était fait reconnaître au milieu de ses serviteurs par un mouvement qui ne pouvait qu'appartenir à lui seul. Seul, il avait ôté son chapeau; et levant ses yeux vers le ciel, et portant la main droite sur son cœur, il remerciait celui qui règle la destinée des peuples et des Rois.

Il porta ensuite ses regards sur ses sujets, leur tendit les bras avec une expression que rien ne peut rendre. Tous les yeux répandaient des larmes d'attendrissement. A ses traits pleins de grâces, on ne tarda pas à reconnaître madame la Duchesse d'Angoulême.

Le Roi, reçu par les autorités de la ville, se rendit à l'église, où le cantique d'actions de grâces fut chanté avec tout l'enthousiasme possible.

Le Roi donna à Saint-Ouen, le 2 mai, une déclaration solennelle de ses intentions et de ses sentimens. Le lendemain, il fit son entrée dans sa capitale. Toute la route était couverte d'une immensité de peuple. La ville offrait le même spectacle; les rues étaient ornées de tapisseries et jonchées de fleurs; des guirlandes, des petits étendards couverts de lys étaient suspendues aux croisées de distance en distance. Des couronnes de verdure étaient suspendues dans les carrefours ; le cortège est arrivé à Notre-Dame à deux heures et demie. A son retour, S. M. s'est arrêtée vis-à-vis de la statue du bon Henri, que l'on avait érigée sur le Pont-Neuf.

A son entrée dans le palais de ses pères, S. A. R. madame la Duchesse d'Angoulême s'est évanouie ; cette princesse incomparable avait éprouvé les effets d'une émotion semblable en passant devant le palais de Justice. Que de sentimens fait naître un si héroïque exemple de piété filiale!

Sur le sejour du Roi en Angleterre.

S. M. Louis XVIII habitait depuis quelque tems le château d'Hartwel, dans le comté de Buckingham, à seize lieues de Londres environ. La santé de S. M. s'est toujours soutenue très-bonne : ses traits ont éprouvé peu d'altération ; sa figure est belle et prévenante ; on y retrouve cet air de bonté affable qui caractérisait son auguste frère, Louis XVI. S. M. prenait souvent le plaiair de la promenade à pied; souvent aussi il montait à cheval. Toutes les fois que S. M. s'approchait d'une ville, traversait un village, toutes les cloches sonnaient à l'avance; les habitans se précipitaient à sa rencontre, suivaient ses pas, en l'accablant de témoignages d'amour et de vénération. Le château d'Hartwel et ses belles dépendances avaient été cédés par le propriétaire à Sa Majesté. Dès ce moment, S. M. en a traité les habitans avec une extrême douceur; elle a allégé toutes leurs charges, et ses bienfaits allaient chercher le malheureux sous le chaume, et sécher les larmes de l'infortuné; aussi S. M. était-elle au milieu d'eux comme un père au milieu de ses enfans. S. M. a eu le bonheur, dans cette terre d'exil, mais hospitalière en même tems, de posséder plusieurs des membres de son auguste famille : le Comte d'Artois, le Duc d'Angoulême, le Duc de Berri, et madame d'Angoulême, qui prodiguait au Roi les soins d'une tendre fille. Ces illustres proscrits, ces nobles fils de France, s'occupaient avec affection du sort des prisonniers français, leur faisaient distribuer des secours; Madame, particulièrement, leur donnait tout ce qu'elle possédait. C'était ainsi qu'elle se rapprochait à force de bienfaits, au moins par la pensée, d'une patrie qu'elle regrettait toujours, et qui était encore l'objet des plus douces affections de son cœur. Depuis, Sa Majesté a vu s'éloigner d'elle les Princes; ils allaient lui préparer les voies qui devaient assurer son retour au trône de ses ancêtres. Le Roi lui-même a quitté cette résidence pour se rendre à Londres; et c'est de là que Sa Majesté est partie, au milieu des acclamations d'un peuple hospitalier, dont les regrets l'accompagnèrent, pour entrer sur le sol français.

Sa Majesté embellissait sa retraite par la culture des belles-lettres qui furent même, dans des tems plus prospères, ses plus chers délassemens.

Si Sa Majesté avait à recevoir des envoyés des puissances, elle les entretenait elle-même; elle seule donnait ses réponses de vive voix ou par écrit. Sa Majesté prenait enfin sur elle de traiter exclusivement toutes les affaires de sa politique.

Discours de Sa Majesté en présentant la Charte constitutionnelle.

« MESSIEURS,

« Lorsque, pour la première fois, je viens dans cette enceinte m'environner des grands corps de l'Etat, des représentans d'une nation qui ne cesse de me prodiguer les plus touchantes marques de son amour, je me félicite d'être devenu le dispensateur des bienfaits que la divine Providence accorde à mon peuple.

» J'ai fait avec l'Autriche, la Russie, l'Angleterre et la Prusse une paix dans laquelle sont compris leurs alliés : la guerre était universelle ; la reconciliation l'est pareillement.

» Le rang que la France a toujours occupé parmi les Nations, n'a été transféré à aucune autre, et lui demeure sans partage. Tout ce que les autres États acquièrent de sécurité, accroît également la sienne, et par conséquent ajoute à sa puissance véritable. Ce qu'elle ne conserve pas de ses conquêtes ne doit donc pas être regardé comme retranché de sa force réelle.

» La gloire des armées françaises n'a reçu aucune atteinte ; les monumens de leur valeur subsistent, et les chef-d'œuvres des arts nous appartiennent désormais par des droits plus stables et plus sacrés que ceux de la victoire.

» Les routes du commerce, si long-tems fermées, vont être libres. Le marché de la France ne sera plus seul ouvert aux productions de son sol et de son industrie. Celles dont l'habitude lui en fait un besoin, ou qui sont nécessaires aux arts, lui seront fournies par les possessions qu'elle recouvre ; elle ne sera plus réduite à s'en priver, ou à ne les obtenir qu'à des conditions ruineuses. Nos manufactures vont refleurir ; nos villes maritimes vont renaître ; et tout nous promet qu'un long calme au dehors et une félicité durable au dedans seront les heureux fruits de la paix.

» Un souvenir douloureux vient toutefois troubler ma joie. J'étais né, je me flattais de rester toute ma vie le plus fidèle sujet du meilleur des Rois ; et j'occupe aujourd'hui sa place ! Mais du moins il n'est pas mort tout entier ; il revit dans ce testament qu'il destinait à l'instruction de l'auguste et malheureux enfant auquel je devais succéder ! C'est les yeux fixés sur cet immortel ouvrage ; c'est pénétré des sentimens qui le dictèrent, c'est guidé par l'expérience et secondé par les conseils de plusieurs d'entre vous, que j'ai rédigé la Charte constitutionnelle dont vous allez entendre la lecture, et qui asseoit sur des bases solides la prospérité de l'État ».

Il serait plus difficile de dire avec quelle émotion profonde, avec quel sentiment d'attendrissement et de reconnaissance le discours de Sa Majesté a été entendu, que de donner une juste idée de l'expression noble et touchante à-la-fois de l'accent paternel, du ton pénétré et de la sensibilité communicative avec laquelle ce discours a été prononcé. Les acclamations réitérées de l'assemblée et des cris de *vive le Roi !* ont éclaté de toutes parts.

MONSIEUR,

Comte d'Artois,

Col[el] G[al] des Gardes Nationaux.

MONSIEUR,

COMTE D'ARTOIS,

FRÈRE DU ROI,

Lieutenant-Général du Royaume, Colonel-Général des Gardes nationales.

Proclamation de Monsieur, frère du Roi, lors de son retour en France.

NOUS CHARLES-PHILIPPE DE FRANCE, FILS DE FRANCE, MONSIEUR, Comte d'Artois, Lieutenant-Général du Royaume, à tous les Français, salut.

Français !

Le jour de votre délivrance approche ; le frère de votre Roi est arrivé parmi vous ; c'est au milieu de la France qu'il veut relever l'antique bannière des lys, et vous annoncer le retour des Bourbons et de la paix, sous un règne protecteur des lois et de la liberté publique.

Plus de tyran, plus de guerre, plus de conscription; qu'à la vue de votre Souverain, de votre père, vos malheurs soient effacés par l'espérance, vos erreurs par l'oubl, vos dissentions par l'union dont il veut être le gage.

Ces promesses qu'il vous renouvelle solennellement aujourd'hui, il brûle de les accomplir et de signaler, par son amour et ses bienfaits, le moment fortuné qui, en lui ramenant ses sujets, va le rendre à ses enfans. *Vive le Roi!*

Vezoul, 27 février.

Arrivée de MONSIEUR *à Paris.*

MONSIEUR fit son entrée dans la capitale le 12 avril La veille, un grand nombre de personnes se rendirent auprès de lui. S. A. R. les accueillit avec une bonté et une affabilité touchantes.

Il est impossible de décrire l'enthousiasme et la joie que les habitans de Paris ont fait éclater sur le passage de S. A. R. Rien de plus beau, de plus auguste, de plus touchant que cette réception ; ce n'était point une pompe magnifique, c'était l'amour du peuple pour le Prince, et l'amour du Prince pour le peuple.... On ne pouvait se lasser d'admirer à-la-fois cette dignité qui brillait sur toute sa personne, et cette bonté qui régnait sur son visage. A ces traits, qui n'aurait reconnu le fils de Saint-Louis et de Henri IV, et le frère de Louis XVI !

Dans cet auguste cortège, la France voyait avec plaisir confondus ensemble, les enfans des héros et les héros dont elle s'honore ; les maréchaux Ney, Marmont, réunis de sentimens avec les descendans des la Trimouille et des Montmorency. *Monsieur*, a dit le maréchal Ney, *nous avons servi avec zèle un gouvernement qui nous commandait au nom de la France. V. A. R. et S. M. verront avec quelle fidélité et avec quel dévouement nous saurons servir notre Roi légitime.*

MONSIEUR répondit : *Monsieur, vous avez illustré les armes françaises ; vous avez porté dans les contrées les plus éloignées la gloire du nom français ; à ce titre, le Roi revendique tous vos exploits.*

Arrivée à la barrière de Bondi, S. A. R. fut si vivement émue, qu'elle resta quelque tems sans pouvoir répondre aux félicitations qui lui étaient adressées ; des larmes coulaient de ses yeux : S. A. R. prit la main d'un officier qui était auprès d'elle, et la porta sur son cœur, pour faire sentir combien ce cœur royal palpitait pour les Français. Entré au palais des Tuileries, MONSIEUR dit aux maréchaux de France qui l'accompagnaient : *Il est doux de se reposer dans le palais de ses pères, au milieu de ses compatriotes et sur vos lauriers, Messieurs.*

MONSIEUR répondit au discours du Gouvernement provisoire, le jour de son arrivée à Paris : *Messieurs, je vous remercie de ce que vous avez fait pour notre patrie. J'éprouve une émotion qui m'empêche d'exprimer tout ce que je ressens. Plus de division ; la paix !.... Et la France, je la revois enfin, et rien n'y est changé, si ce n'est qu'il s'y trouve un Français de plus.*

Dans

Dans l'enthousiasme et l'alégresse qu'excita l'arrivée du frère du Roi, une femme du peuple, mère de deux jeunes garçons, s'écria: *Nos enfans mourront donc vieux!* Ce cri du cœur est la satire la plus énergique de la conscription.

Deux autres femmes du peuple, frappées de l'air gracieux et du sourire aimable de MONSIEUR, ne se lassaient point de le regarder; enfin, revenant à elles, et se tournant du côté de leurs voisines: *A la bonne heure*, s'écrièrent-elles, *au moins il rit celui-là*....

Le jour que le Sénat se rendit en corps auprès de MONSIEUR, un sénateur s'écria: *Ah! c'est bien le fils de Henri IV!* S. A. R. répliqua: *Son sang coule dans mes veines; je voudrais avoir ses talens, mais je suis sûr d'avoir son cœur, ses sentimens et son amour pour les Français.*

Le 24 avril 1814, MONSIEUR passa en revue, dans la grande galerie du Musée, tous les officiers de la garde nationale. S. A. R. parla avec une bonté touchante à presque tous les officiers : *Je voudrais les connaître tous*, disait ce bon Prince ; *j'espère y parvenir bientôt.*

MADAME,

Duchesse d'Angoulême,

Fille de Louis XVI.

MADAME DE FRANCE,

FILLE DE LOUIS XVI.

A S. A. R. Madame la Duchesse d'Angoulême.

L'APPARITION,

Songe.

Près d'un tombeau sacré la fille de Louis
Cette nuit s'est montrée à mes regards surpris.
Du deuil et des regrets la troupe l'environne,
Le lys et le souci composent sa couronne;
Elle approche en tremblant et fléchit les genoux;
Dieu puissant! sa prière a su monter vers vous!
Je voyais sur son front l'auguste caractère
Dont autrefois brilla l'auguste front d'un père!....

D'un chant céleste alors le lieu saint retentit.
Le jour vient déchirer le voile de la nuit ;
Le temple est éclairé par des flots de lumière,
Un encens pur et doux s'exhale de la terre ;
Un nuage brillant descend du haut des cieux,
Et semble être lui-même un astre radieux !....
Il s'ouvre, et montre aux yeux de sa fille enivrée
Les traits toujours charmans d'une mère adorée ;
Sa vue à la Princesse imprime un saint respect :
Elle ne frémit point à ce divin aspect ;
Elle écoute : et prêtant une oreille attentive,
Recueille les accens de l'ombre fugitive.
L'ombre qui la bénit s'en approche, et sa voix
A sa fille, en ces mots, prescrit de douces lois :
« Je te vois, je t'entends, pleure, fille chérie,
Pleure un sang précieux qui t'a donné la vie ;
Mais ce tribut payé, cesse de t'affliger,
Ton Dieu te le commande et vient t'encourager ;
Songe qu'en ces momens, dans son sein rappelée,
Tu dois rendre au bonheur la France désolée.
Oui, tu le rempliras ce devoir maternel !
Ta bonté sur le trône est un présent du Ciel !
Vertus ! consolez-vous ! votre noble modèle,
Thérèse est de retour, accourez auprès d'elle,
Famille d'indigens : elle a pour vous toujours
Les trésors du malheur, des pleurs et des secours.
Que le bruit de son nom, vieillards aux maux en proie
Sur vos lits de douleurs aille porter la joie ;
Vous ne laisserez plus vos enfans orphelins ;

Ils sont tous adoptés par ses royales mains.
Les cœurs plus repentans qu'ils ne furent coupables,
Méritent de ton cœur les bienfaits secourables.
Un nouveau jour renaît en dissipant l'erreur,
O ma fille ! renais aussi pour le bonheur ».
Tout disparut. Le ciel dégagé de nuages
Semble nous présager la fin de nos orages.
Nous l'attendons de toi, de tes rares vertus !
L'espoir et le repos nous sont enfin rendus.
De cruels oppresseurs ton peuple fut victime ;
Il a trop expié tes malheurs et son crime !
Sa foudre tombe enfin sur ses persécuteurs :
Sa chaîne s'est brisée, il faut tarir ses pleurs :
Il sent encore le poids de cette chaîne affreuse,
Il ne peut être heureux, si tu n'es pas heureuse.

Par Mademoiselle C. Vanhove.

Arrivée de Madame Thérèse de France à Mittau, 7 *juin* 1799.

(Extrait du Journal des Débats, 2 mai 1814).

L'auguste fille de Louis XVI et de Marie-Antoinette, la digne élève de la vertueuse Elisabeth, reparaît au milieu de nous comme un ange de réconciliation et de paix. Quel être sensible n'a pleuré au récit de ses infortunes! Qui n'a pas admiré le courage religieux et héroïque avec lequel elle les a supportées! Nous seuls, Français, nous ne pouvions nous entretenir de ses vertus que dans le mystère et l'obscurité. L'extrait de la lettre suivante sera lue sans doute avec le plus grand intérêt; elle fut écrite, il y a quinze ans, par M. l'abbé de Tressan.

Vous vous rappelez l'évènement dirigé par le Ciel, qui vint adoucir les larmes que l'héritier de Saint-Louis, de Louis XII, de Henri IV répandait sur les malheurs de la France et sur ceux de sa famille. Quelque sérénité ne reparut sur son front qu'au moment où il apprit que madame Thérèse se rendait à Vienne. Son cœur soupira plus librement lorsqu'il la sut dans cet asyle, et aidée, comme il se plut à le répéter, d'une amie fidèle..... Le Roi ne resta pas un moment incertain sur le choix de l'époux qu'il désirait voir accepter par madame...... Après s'être assuré de son consentement, il borna tous ses soins à obtenir qu'elle vînt s'unir aux larmes, aux espérances, au sort de l'héritier de son nom..... Le Roi et la Reine allèrent au-devant d'elle. A leur approche, Madame descendit rapidement, et, s'échappant avec une incroyable légèreté, elle courut à travers les tourbillons de poussière vers le Roi, qui, les bras étendus, accourait pour la serrer contre son cœur. Les forces du Roi ne purent suffire pour l'empêcher de se jeter à ses pieds. Il se précipita pour la relever, et l'entendit s'écrier : *Je vous revois enfin..... je suis heureuse..... voilà votre enfant...... veillez sur moi, soyez mon pere.*

Le Roi, sans pouvoir proférer une parole, serra Madame contre son cœur, puis lui montra M. le Duc d'Angoulême. Ce jeune Prince, retenu par le respect, ne put s'exprimer que par des larmes qu'il laissa tomber sur la main de sa cousine, en la pressant contre ses lèvres. Le Roi, rayonnant de joie, disait à ses serviteurs : *la voilà.....* Rentré au château et s'adressant à tout ce qui l'environnait, il leur dit, en leur présentant la Princesse : *Enfin elle est à nous ; nous ne la quitterons plus ; nous ne sommes plus étrangers au bonheur !*

L. ANTne DE FRANCE,

Duc d'Angoulême.

M. LE DUC D'ANGOULÊME,

FILS DE MONSIEUR.

M. le Duc d'Angoulême se fait généralement chérir par sa douceur et son affabilité ; ces qualités ont excité l'enthousiasme à Bordeaux. Ce Prince a donné une preuve de sa sensibilité et de son amour pour les Français, dans l'affaire qui a eu lieu entre l'armée du Lord Wellington et celle du Maréchal Soult : un de nos soldats allait recevoir le coup mortel ; le Prince l'aperçoit, s'élance, lui fait un rempart de son corps et le sauve. Au moment même, une balle l'atteint au bras et le blesse. Ainsi, tant que M. le Duc d'Angoulême existera, une honorable cicatrice attestera le généreux dévouement avec lequel il s'est exposé pour arracher à la mort un guerrier français.

S. A. R. a paru à Toulouse au milieu de l'alégresse publique, après avoir chargé M. le

Préfet de faire connaître aux Toulousains ses sentimens, il ajouta : *Quoi que vous puissiez leur dire, vous n'exprimerez jamais le plaisir que je ressens.*

Le Maréchal Suchet, Duc d'Albufera, arriva dans cette ville le 29 avril ; Son Ex. s'est aussitôt rendue au Palais-Royal, et a été reçue par Son Altesse Royale avec la plus grande distinction. En abordant l'auguste descendant de tant de Rois, le maréchal s'inclina respectueusement, baisa la main du Prince, et dit avec émotion : *Monseigneur, mon armée et moi, sommes aux Bourbons, à la vie et à la mort.*

CH.LES F.AND DE FRANCE,

Duc de Berry.

M. LE DUC DE BERRI,

FILS DE MONSIEUR.

Le Français, dans les camps nourri,
Fut naguères dur, intraitable;
Sous les étendards de Berri,
Le peuple le plus aguerri
Va devenir le plus aimable.

S. A. R. Monseigneur le Duc de Berri, en passant à Caen, adressa aux habitans de l'Ouest une proclamation dont voici quelques passages :

« De toutes parts la tyrannie succombe ; de toutes parts les enfans de Saint-Louis viennent réclamer ses droits, dont le premier et le plus cher fut toujours de vous rendre heureux !

» Je vous annonce l'arrivée de votre Roi ; je viens être l'organe de ses promesses. Plus de guerre! Plus de conscription! Plus d'impôts arbitraires! Français, telles sont les intentions de notre Roi. C'est un père qui vient retrouver ses enfans. L'avenir qu'il nous destine est un avenir de bonheur, le retour de la paix, la stabilité des lois et la douceur d'un gouvernement légitime et paternel ».

Le jour de l'arrivée à Paris de Monseigneur le Duc de Berri, à peine fut-il dans l'appartement du Roi, toujours entouré des chefs de l'armée, que se tournant vers eux, avec la vivacité de l'éclair, il se jeta dans leurs bras, il les serra fortement en leur articulant ces mots: *Permettez que je vous embrasse!*

Une fête très-brillante fut donnée à Paris par l'état-major général de la ville de Paris à la garde nationale et aux gardes-du-corps; M. le Duc de Berri y fut singulièrement accueilli en

parcourant

parcourant les jardins de Tivoli, où se donnait cette fête. S. A. R. rencontra un magicien, dont voici l'oracle :

Aimable dans la paix, vaillant s'il faut combattre,
Tu seras surnommé le prince des soldats.
La victoire suivra l'héritier d'Henri-Quatre :
Cet oracle est plus sûr que celui de Calchas.

Ton père des Français la seconde espérance,
T'alarmait pour ses jours ; ses jours nous sont rendus ;
Dieu gardera long-tems à notre belle France
Un bon prince, *un français de plus.*

Comme lui désormais, comme ton noble frère,
Parmi nous tu seras chéri,
Tant qu'à nos chevaliers la gloire sera chère,
Tant que l'on redira la chanson de Henri.

L'olive en main, la paix consolera la terre :
Mais si l'étranger toutefois
Venait à réveiller le lion de la guerre,
Appelle tes soldats, ils vaincront sous tes lois

Prince, compte sur eux, compte sur leur épée,
Des ligueurs renaissans quels que soient les projets,
Leur attente sera trompée :
Le bouclier des rois, c'est le cœur des sujets.

Tel est l'arrêt du sort dont je suis l'interprète ;
Généreux prince, amour du peuple et du guerrier,
Tu peux m'en croire, ma baguette
Est une branche de laurier.

PRÉCIS

DE LA CAMPAGNE DES ALLIÉS

ET DU SIÈGE DE PARIS.

La campagne de Moscou devint décisive, non-seulement par la perte d'une grande partie de l'armée, sur-tout par la destruction de la cavalerie; mais encore par ses résultats moraux. Les troupes furent découragées, et l'on put douter de la justesse des vues politiques, et même des talens militaires du chef. Celui-ci rejeta tous les malheurs de la campagne sur les *élémens*, et se prépara à une nouvelle lutte.

Dès le mois de janvier 1813 on travailla l'esprit public; le 10 janvier un *sénatus-consulte* accorda 300,000 hommes; le 5 février la régence fut conférée à l'Impératrice; les journaux répétaient que l'*Allemagne* n'avait rien à craindre, et l'on évacuait *Hambourg*; le Vice-Roi, trop foible, ramenait cent mille hommes et trois cents pièces de canon près de *Magdebourg*. La Prusse devenait notre ennemie. Cent quatre-vingt mille hommes sont appelés de nouveau. Sous la dénomination de *gardes d'honneur*, on mobilise toute la jeunesse qui par faveur avait échappé aux conscriptions. L'on comptait une armée de six cent mille hommes environ ; les garnisons des places de l'Oder et de la Pologne montaient à près de soixante-dix mille hommes.

Napoléon quitta Paris le 15 avril. Les premiers corps de l'armée ennemie avaient poussé jusqu'au-delà de Leipsick, et le 2 mai une bataille se donna auprès de Lutzen ; elle fut terrible, et nous coûta, à ce que dirent nos bulletins, dix mille hommes. Cependant le 19, le 20 et le 21, les journées de Bautzen et de Wurchen forcèrent l'ennemi à se retirer en Silésie.

Dans ces circonstances, une suspension d'armes rendit à l'Europe l'espérance d'une pacification générale. L'Autriche, toujours notre alliée, mais toujours les armes à la main, offrait sa médiation. La Suède se joignait à nos ennemis. Les hostilités recommencèrent le 17 août ; les Français firent des prodiges de valeur, mais la fortune leur devenait contraire ; le Duc de Reggio opérait une retraite glorieuse devant le Prince de Suède ; sur le Bober, Macdonald était écrasé ; Napoléon accourut avec sa garde du fond de la Silésie pour défendre Dresde attaqué par cent cinquante mille hommes. Ici la fortune sembla encore lui sourire. Cependant il fallut quitter cette position de Dresde. La Bavière, abandonnée, passait à l'ennemi. A Wachau, à Leipsick, nous n'éprouvions plus que des revers ; une fuite précipitée sauva une partie de l'armée. Les 29 et 30 octobre, les affaires de Hanau prouvèrent l'énergie et le courage du soldat français. Le 2 novembre Napoléon parvint enfin à Mayence.

Campagne de 1814.

La crise devenait terrible de plus en plus ; a garde nationale fut organisée, de nouvelles levées furent exercées en hâte ; tous les Français furent appelés à la défense commune. Les alliés déployaient leurs forces, qui étaient très-considérables, sur le Rhin, de la Suisse à la Hollande. Ils avaient nettoyé l'Allemagne et forcé quelques corps français de se renfermer dans Hambourg.

Une grande faute de Napoléon leur donnait cet avantage. Cent mille hommes de nos vieilles troupes occupaient les places de l'Elbe, lorsqu'elles auraient été mieux employées à la défense du Rhin, conjointement avec celles qui occupaient les places de l'intérieur.

L'ennemi entra donc sur notre sol par trois points à-la-fois. Cinq armées étaient dirigées sur la France, deux sur l'Italie :

1°. Grande armée austro-russe, commandée par le Prince de Schwarzenberg ; elle se composait de divisions autrichiennes, bavaroises et wurtembergeoises.

2°. Grande armée prussienne, commandée par le général Blucher, formée du corps d'Yorck, en trois divisions ; du corps de Kleist, aussi en trois divisions ; de celui de Bulow, quatre divisions de quatre corps russes, et des Saxons.

3°. Grande armée suédoise.

4°. L'armée anglo-batave.

5°. L'armée anglo-espagnole et portugaise, commandée par lord Wellington.

6°. L'armée autrichienne d'Italie, commandée par le comte de Bellegarde.

7°. L'armée de Naples, aux ordres du roi Joachim.

Le 21 décembre, le Prince de Schwarzenberg entrait en Suisse et les Bavarois en Alsace, du côté de Colmar. Au premier janvier, le Maréchal Blucher franchit le Rhin sur trois points, et l'ennemi se porta sur Pont-à-Mousson, Metz et Thionville. Nos troupes se repliaient sur Nancy, Namur; et en Hollande, jusqu'à l'Escaut.

A Paris, l'on parlait de négociations; on annonçait des succès dans le Midi. Cependant l'armée autrichienne s'était emparée de Mâcon et de Dôle, et s'étendait vers Nancy, Langres et Lyon. De Lyon à Anvers, l'ennemi occupait trente à quarante lieues de terrein en-deçà du Rhin, et Napoléon était à Paris occupé à passer des revues. Enfin il quitte la capitale, qu'il ne devait plus revoir, après avoir recommandé son fils à la garde nationale; il rejoignit son armée rassemblée en avant de Châlons, entre la Seine et la Marne. Dans une première affaire, le Maréchal Mortier, forcé d'évacuer Bar-sur-Aube, après avoir tenu long-tems dans une belle position, se retira sur Troyes. Dans le même tems, les Autrichiens se dirigeaient par les routes de Châtillon et de Bar-sur-Seine, et par celles de Tonnerre et de Joigny.

Le Maréchal Blucher combinant ses mouvemens avec ceux de l'armée austro-russe, de la Lorraine se portait sur la Haute-Marne, projetant de se joindre, en la passant, avec le Prince de Schwarzenberg. Les 23 et 24 janvier il enleva Ligny et Saint-Dizier : pour communiquer avec les corps qui occupaient Bar-sur-Aube, il fit avancer un des siens sur Brienne.

Pour prévenir cette réunion, Buonaparte attaqua l'arrière-garde prussienne qui attendait la division d'Yorck à Saint-Dizier ; l'ennemi en fut chassé le 27. Blucher continuait toujours d'opérer son mouvement de concentration sur Brienne avec les renforts qui lui étaient arrivés de la grande-armée autrichienne. Le 29 janvier, les français parurent devant Brienne ; le combat fut terrible, la victoire long-tems balancée ; le général Victor, à la faveur de la nuit, parvint à s'introduire dans le château ; là le carnage fut horrible; le château resta au pouvoir des français. Le général Blucher ne continua pas moins son mouvement vers Bar-sur-Aube ; le 30, les colonnes françaises l'y suivirent ; le Maréchal Victor et le Général Grouchy se postèrent avantageusement aux villages de la Rothière et de Dienville.

Les alliés se fortifiaient de leur côté. Le 30, le Général Yorck avait repris Saint-Dizier. Vassi était occupé, la division Giulay était en ligne pour combattre notre droite, celle de Sacken sur notre centre à la Rothière; il y avait 70 à 80 mille hommes en bataille de part et d'autre; à midi commença l'affaire. La position de la Rothière fut vivement disputée jusqu'à minuit, et l'ennemi en resta maître. L'armée française profita de la nuit pour cacher son désordre et se retira sur Troyes et Arcis. L'Empereur Alexandre et le Roi de Prusse s'étaient placés au centre devant la Rothière.

Les alliés vainqueurs se dirigèrent sur Paris en suivant la Seine. Le Maréchal Blucher s'était rapproché de la Marne et nous avait forcés d'évacuer Châlons le 5. Le Maréchal Magdonald s'y était porté de la Meuse, d'où l'armée du Prince de Suède s'étendait vers Rheims. Le 9 février, le quartier général prussien était à Etoges. Montmirail et Château-Thierry étaient occupés par l'ennemi qui poussait ses parties jusqu'à la Ferté et Meaux. Napoléon était à Nogent.

L'opinion se soulevait contre lui, l'armée manquait de tout, il eut recours à ces moyens hardis qui lui réussissaient si souvent. L'ennemi fut attaqué à Champ-Aubert avec une telle impétuosité, qu'il fut culbuté. Le Général Sacken, pris à dos, attaqua le 11 les français. Cette bataille de Montmirail fut très-vive ; on évalua la perte des hommes à huit mille tués ou prisonniers. Le 12, Buonaparte le suivit à Château-Thierry. Sachen, en essuyant quelques pertes, s'éloigna vers Soissons et Rheims. Le 13, le Maréchal Blucher attaqua vers Etoges le Maréchal Marmont et le re oussa au-delà de Champ-Aubert. Napoléon en toute hâte et par une marche forcée rejoignit Marmont et fit attaquer l'ennemi à Vauchamp ; les succès que nos troupes y obtinrent, furent balancés par la perte de Soissons ; cependant une colonne de six mille prisonniers traversait Paris et obtenait des habitans tous les secours que leur pitoyable état réclamait. Mais l'armée austro-russe suivait les routes de la Seine. Le 11 et le 12 le Général Bourmont l'y arrêta ; pendant cette défense, les alliés passèrent la Seine à Bray ; les Maréchaux Victor et Oudinot chargés de la défense des ponts de la Seine, se replièrent en arrière de Guignes; de Provins les divisions ennemies marchaient sur Melun par Nangis, d'autres se portaient également de Montereau à Fontainebleau. Napoléon reçut alors et bien à propos un renfort de troupes qui revenaient d'Espagne. Obligé de quitter la Marne, il fit transporter sa garde en poste et battit le corps de Wittgenstein à Nangis. Par la retraite de ce Général et du Comte de Wrede, Montereau se trouva découvert; mais le Prince de Wurtemberg en prit possession; bien que Napoléon eût voulu le prévenir, il s'y maintint quelques tems, puis fut obligé de battre en retraite sur la rive gauche avec grande perte. Macdonald et Oudinot nettoyèrent la droite.

L'ennemi, par l'effet des manœuvres promptes et vigoureuses de Napoléon, était forcé de reculer presqu'aussi rapidement qu'il était avancé. Le terrain qu'il avait gagné depuis Brienne était perdu pour lui. Napoléon en conçut les plus hautes espérances; son ambition se retrempa de nouveau, il se crut plus près de Vienne que les ennemis ne l'étaient de Paris. A cette époque, l'on disait que les Alliés lui faisaient encore des propositions très-raisonnables, lui accordaient la

France avec ses anciennes limites. Un conseil de régence secret fut d'avis de les accepter ; mais il crut devoir encore s'abandonner à sa fortune, qui ne lui prodiguait plus que quelques faveurs passagères. Paris, ne connaissant que par des relations particulières la vérité, ne partageait pas les espérances de son chef. Son commerce était nul, ses ateliers étaient fermés. L'on ne rencontrait dans les rues que des transports de soldats blessés, de généraux portés avec le plus grand soin dans des litières, et suivis tristement de leurs bagages. Chacun pleurait la perte de quelques-uns des siens, sans apercevoir un avenir plus heureux. Napoléon n'obtenait ses avantages qu'en sacrifiant un monde infini, et l'armée éprouvait un état de lassitude facile à concevoir.

Alors, le Prince de Schwarzenberg parut renoncer à son système d'opérer par corps isolés. Il tenait la position de Troyes. Le 24, Napoléon s'y présenta ; la cavalerie y fit de belles charges. Le 25 au matin l'ennemi l'abandonna, toujours par l'effet du mouvement de concentration. Blucher, après avoir réparé ses pertes dernières et s'être renforcé de quelques divisions, avait marché sur la Seine par Méry, qui fut brûlé. Tout-à-coup il il se porta sur Sézanne, où il attaqua, le 24, le Maréchal Marmont. Napoléon suivait les Autrichiens. Comme l'armée de Silésie était sur ses derrières, il y envoya une partie de ses forces. En même-tems, Oudinot et Macdonald se portaient en avant sur les routes de l'Aube et de la Seine. Le premier entra battant dans Bar-sur-Aube, le second se porta sur la Ferté.

Le 27 février, les ennemis, qui avaient reçu des renforts, reprirent l'offensive, et nous repoussèrent. Du 28 février au 2 mars, nous perdîmes Bar-sur-Seine. Le Prince de Wurtemberg se reporta sur Sens, et l'ennemi put envoyer des renforts vers Lyon, où le Maréchal Augereau, qui avait aussi reçu un renfort de seize mille hommes venant d'Espagne avait pu reprendre l'offensive.

Sans ralentir leurs manœuvres militaires, le 1er. mars les Souverains alliés conclurent à Chaumont une ligue de vingt ans, qui avait pour but de forcer la France à souscrire enfin à une paix générale. Le 4, il nous fallut évacuer Troyes avec perte. Encore une fois, Napoléon abandonna les opérations de la Seine pour se porter sur la Marne, d'où Blucher menaçait Meaux et

Paris. Marmont, en retraite depuis Sézanne, avait rejoint Mortier à la Ferté-sous-Jouarre. Laon et la Fère étaient occupés par le général Bulow. Le 2 mars, Blucher se remontra devant Soissons avec le général Wintzingerode. Nous étions rentrés dans cette ville; ils parvinrent à l'occuper à la suite d'une capitulation. Blucher, profitant de ses fautes, concentrait ses mouvemens sur la rive droite de la Marne; à l'approche de Napoléon, qui ralliait ses forces, il exécuta sa retraite sur Soissons dans le plus grand ordre, bien que son arrière-garde fût vivement poussée par les Maréchaux Marmont et Mortier, à Neuilly-Saint-Front. Un corps Français entrait aussi à Rheims et coupait les communications entre l'armée de Silésie et celle du Prince de Schwarzenberg. Maître du passage de Soissons, Blucher prit une belle position à Craone près de Laon.

Buonaparte fit encore à Craone des prodiges, mais ce fut là aussi que l'abandonna sa fortune. Ses forces montaient à quatre-vingt mille hommes. Les combats furent sanglans. Le 8, toute l'armée ennemie était concentrée devant Laon, dont la position était formidable. Le 9 et le 10, des combats bien meurtriers eurent lieu et sans succès ; l'armée française se replia sur l'Aisne.

Napoléon essaya de soulever la population entière ; les malheureux habitans du théâtre de la guerre furent les victimes de leur zèle ; celui-ci aimait mieux tout perdre que de rien abandonner. Cependant le Comte de Saint-Priest, avec seize mille hommes, s'avançait de Châlons sur Rheims, où il força, le 12 mars, le général Corbineau. Napoléon le battit complettement, se rendit ensuite à Epernay à la tête de quarante mille hommes de sa garde.

L'armée austro-russe manœuvrait sur la Seine. Près de Provins, il y eut un fort engagement d'artillerie. Le maréchal Ney était rentré le 16 à Châlons. Maître d'Epernay, Napoléon essaya de tourner le Prince de Schwarzenberg ; il se porta à Arcis-sur-Aube le 20 au matin. L'ennemi se concentrait toujours, et cependant paraissait reculer. Des affaires partielles, où la garde impériale souffrit beaucoup, eurent lieu pendant trois jours.

Enfin obligés de céder à une attaque générale, nous battîmes en retraite sur Vitry, laissant dans

Arcis beaucoup de morts et de blessés. L'armée ennemie nous suivit à Vitry. Napoléon voulut faire une diversion en se rejetant sur les derrières de l'armée austro-russe, et cherchant à se mettre en communication avec le maréchal Augereau*, au cas où il aurait pu faire reculer le Comte de Bubna; mais les alliés continuèrent d'exécuter leur plan de jonction avec hardiesse. Le maréchal Blucher, maître encore de Châlons-sur-Marne, en se joignant à l'armée du Prince de Schwarzenberg, coupa à Napoléon la route de Paris, et sa position devint désespérée.

Bordeaux était occupé par les Anglais, Lyon par les Autrichiens; la Flandre était envahie par les troupes suédoises. Il ne restait plus entre Paris et la grande armée alliée que les divisions des maréchaux Marmont et Mortier, fortes d'environ vingt-cinq mille hommes. Le 25, ils furent attaqués avec la plus grande impétuosité; là suivit le funeste combat dit de *Fère champenoise*, dont le résultat fut la prise de Paris. Après cette bataille, les alliés marchèrent en cinq colonnes sur cette capitale. A Claye, ils éprouvèrent quelque résistance; mais tout fut disposé pour livrer la bataille de Paris. Cette ville se voyait abandonnée à elle-même : une garde nationale, dont un petit nombre possédait des armes en état de service, quelques mille hommes de garnison, le reste des corps repliés devant l'ennemi, en tout vingt-six à vingt-huit mille hommes. Sur la droite, ils occupaient les hauteurs de Belleville et la butte Saint-Chaumont, en s'appuyant à Vincennes. Leur centre était au canal de l'Ourcq et la butte Montmartre sur ses derrières; la gauche s'étendait de Montmartre à Neuilly.

Dès avant le jour, les citoyens furent réveillés par le rappel des tambours. L'on se prépara à la défense. L'artillerie se fit entendre entre cinq et six heures du matin. Ce fut sur Belleville où se trouvaient nos plus grandes forces, que l'attaque fut la plus chaude. Toutes les positions nous furent successivement enlevées dans la matinée ; le grand nombre des ennemis leur permit de tourner les hauteurs, et nous obligeait ainsi à les abandonner. Tout était défendu avec courage et opiniâtreté. Le centre soutint long-tems les efforts de l'ennemi, qui pénétra enfin dans la Villette. Il n'avait plus d'obstacles à vaincre, puisqu'il touchait aux barrières, lorsque des parlementaires, envoyés par le corps municipal, demandèrent aux avant-postes à capituler. Les généreux Souverains accordèrent une suspension d'armes, pour signer les articles de la capitulation.

La journée du 30 mars coûta aux ennemis 12,000 hommes; cette perte, en raison de leur grand nombre, fut beaucoup moindre que la nôtre. Le lendemain les Alliés firent leur entrée dans la Capitale; tout y fut paisible; l'on ne pouvait plus douter de voir la fin de tant de malheurs; c'était un Monarque généreux qui nous en donnait l'assurance.

Cependant Napoléon était à Fontainebleau; on y fit passer l'acte de déchéance, il haranguait ses troupes pour les disposer à marcher sur Paris. Le Maréchal Ney, par un seul mot, arrêta ce mouvement.

Vous n'êtes plus Empereur, vous ne pouvez plus commander à ces braves; ils ne peuvent plus vous obéir. Voici l'acte de votre déchéance. Il rentra dans le palais et parut résigné à son sort; il abdiqua sa couronne en ces termes:

« Les Puissances alliées ayant proclamé que

ALEXANDRE Ier
Empereur des Russies.

FRANÇOIS II. — **GUILLAUME III.**
Empr. d'Allemagne. — *Roi de Prusse.*

l'Empereur Napoléon était le seul obstacle au rétablissement de la paix en Europe ; l'Empereur Napoléon déclare qu'il renonce, pour lui et ses héritiers, aux Trônes de France et d'Italie, et qu'il n'est aucun sacrifice personnel, même celui de sa vie, qu'il ne soit prêt à faire pour l'intérêt de la France.

» Fait au palais de Fontainebleau, le 22 avril 1814 ».

Il se retira dans l'Isle d'Elbe, qui lui fut donnée en toute souveraineté.

Déclaration de l'Empereur de Russie lors de son entrée à Paris.

Les armées des Puissances alliées ont occupé la capitale de la France : les Souverains alliés accueillent le vœu de la nation française.

Ils déclarent que si les conditions de la paix devaient renfermer de plus forts garants lorsqu'il s'agissait d'enchaîner l'ambition de Buonaparte, elles doivent être plus favorables lorsque, par un retour vers un gouvernement sage, la France elle-même offre l'assurance de ce repos.

Les Souverains proclament en conséquence, qu'ils ne traiteront plus avec Napoléon Buonaparte, ni avec aucun de sa famille;

Qu'ils respecteront l'intégrité de l'ancienne France, telle qu'elle a existé sous ses Rois légitimes : ils peuvent même faire plus, parce qu'ils professent toujours le principe, que pour le bonheur de l'Europe, il faut que la France soit grande et forte;

Qu'ils reconnaîtront et garantiront la constitution que la nation française se donnera : ils invitent par conséquent le sénat à désigner sur-le-champ un gouvernement provisoire qui puisse pourvoir aux besoins de l'administration, et préparer la constitution qui conviendra au peuple français.

Les intentions que je viens d'exprimer me sont communes avec toutes les Puissances alliées.

Signé Alexandre.

Le vœu de la France pour le retour des Bourbons, ayant été librement émis, l'on ne pensa plus qu'à recevoir dignement les illustres Princes. Le séjour des troupes alliées ranima la gaîté des Parisiens; cette diversité de peuples, de visages, de costumes nouveaux, lui fournit des traits, des saillies piquantes; des caricatures charmantes et vraies, nous retracèrent leurs manières, leurs habitudes, si différentes des nôtres; car c'était un nouveau peuple comme tombé des nues au milieu de nous.

Les Princes y furent accueillis avec transport, et se comportèrent avec une grandeur, une générosité qui servira d'exemple.

ANECDOTES.

LL. MM. l'Empereur de Russie et le Roi de Prusse commandaient l'armée sous les murs de Paris, le 30 mars 1814. Aussitôt après la capitulation, ces magnanimes Souverains descendirent de cheval et s'embrassèrent, en disant : *Le sang va donc cesser de couler!*

A son entrée dans Paris, le 31 mars, S. M. l'Empereur de Russie disait à la foule immense qui se pressait autour de son auguste personne : *Je ne viens point en ennemi. Je vous apporte la paix et le commerce.*

Le même jour, M. André de Trémontels s'étant réuni au cortège qui entourait l'Empereur Alexandre, enhardi par l'affabilité de ce monarque, il osa lui adresser ces mots : Quel jour de triomphe pour vous, Sire! mais Votre Majesté nous apporte-t-elle la paix? *Oui*, répondit le magnanime Alexandre, *oui*, *la paix*, *la paix*, *l'amitié*, *le bonheur des Français; voilà mon triomphe à moi!*

Ce Souverain, passant par la place Vendôme, à l'aspect de la statue de Napoléon, dit aux Seigneurs qui l'entouraient : *Si j'étais placé si haut*, *je craindrais d'en être étourdi.*

Il y a long-tems, Sire, disait-on à l'Empereur de Russie, que votre arrivée était attendue et désirée à Paris. *Je serais venu plutôt*, répondit le monarque, *n'accusez de mon retard que la valeur française.*

A l'audience que l'Empereur Alexandre donna au Sénat, le 2 avril, S. M. I. dit aux Sénateurs :

« Un homme qui se disait mon allié est arrivé dans mes états en injuste aggresseur ; c'est à lui que j'ai fait la guerre, et non à la France : je suis l'ami du Peuple français ; votre conduite redouble encore ce sentiment.

» Il est juste, il est sage de donner à la France des institutions fortes et libérales, qui soient en rapport avec les lumières actuelles. Mes alliés et moi nous ne venons que pour protéger sa liberté et ses décisions.

» Pour preuve de cette alliance durable que je veux contracter avec votre nation, je lui rends tous les prisonniers français qui sont en Russie. Le gouvernement provisoire me l'avait déjà demandé ; je l'accorde au Sénat, d'après les résolutions qu'il a prises aujourd'hui ».

Lorsque ce Souverain visita l'Hôpital de la

Salpêtrière, il adressa des paroles pleines de bonté à tous ceux qui eurent le bonheur de l'approcher. Une des sœurs qui montraient au Monarque quelques folles par amour, lui dit : *Sire, il y en aurait bien davantage en France si vous y restiez.*

S. M. l'Empereur de Russie, en sortant du Jardin du Roi, traversa le pont d'Austerlitz, suivi seulement de deux officiers. Là, s'arrêtant quelques instans pour satisfaire à l'empressement de la foule qui l'entourait, il dit : *Mes amis, réjouissez-vous; Napoléon a renoncé à vous opprimer; dans peu de tems vous aurez la paix et vous verrez votre Roi.*

FIN.

Testu, Imprimeur de LL. AA. SS. Mgr. le Duc d'Orléans et Mgr. le Prince de Condé.

www.ingramcontent.com/pod-product-compliance
Ingram Content Group UK Ltd.
Pitfield, Milton Keynes, MK11 3LW, UK
UKHW021225230726
13926UKWH00003B/1242